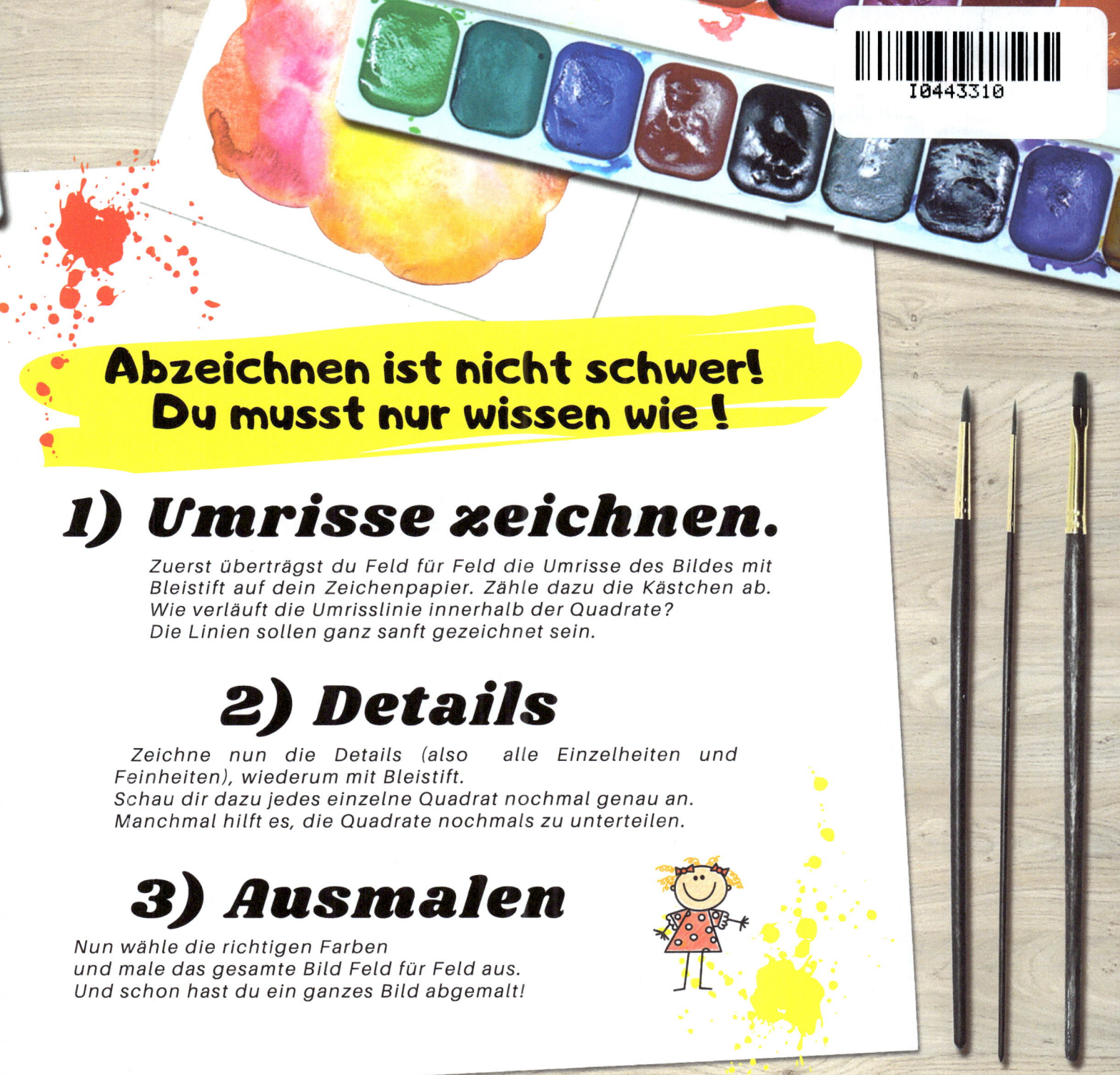

Abzeichnen ist nicht schwer! Du musst nur wissen wie!

1) Umrisse zeichnen.

Zuerst überträgst du Feld für Feld die Umrisse des Bildes mit Bleistift auf dein Zeichenpapier. Zähle dazu die Kästchen ab. Wie verläuft die Umrisslinie innerhalb der Quadrate?
Die Linien sollen ganz sanft gezeichnet sein.

2) Details

Zeichne nun die Details (also alle Einzelheiten und Feinheiten), wiederum mit Bleistift.
Schau dir dazu jedes einzelne Quadrat nochmal genau an.
Manchmal hilft es, die Quadrate nochmals zu unterteilen.

3) Ausmalen

Nun wähle die richtigen Farben
und male das gesamte Bild Feld für Feld aus.
Und schon hast du ein ganzes Bild abgemalt!

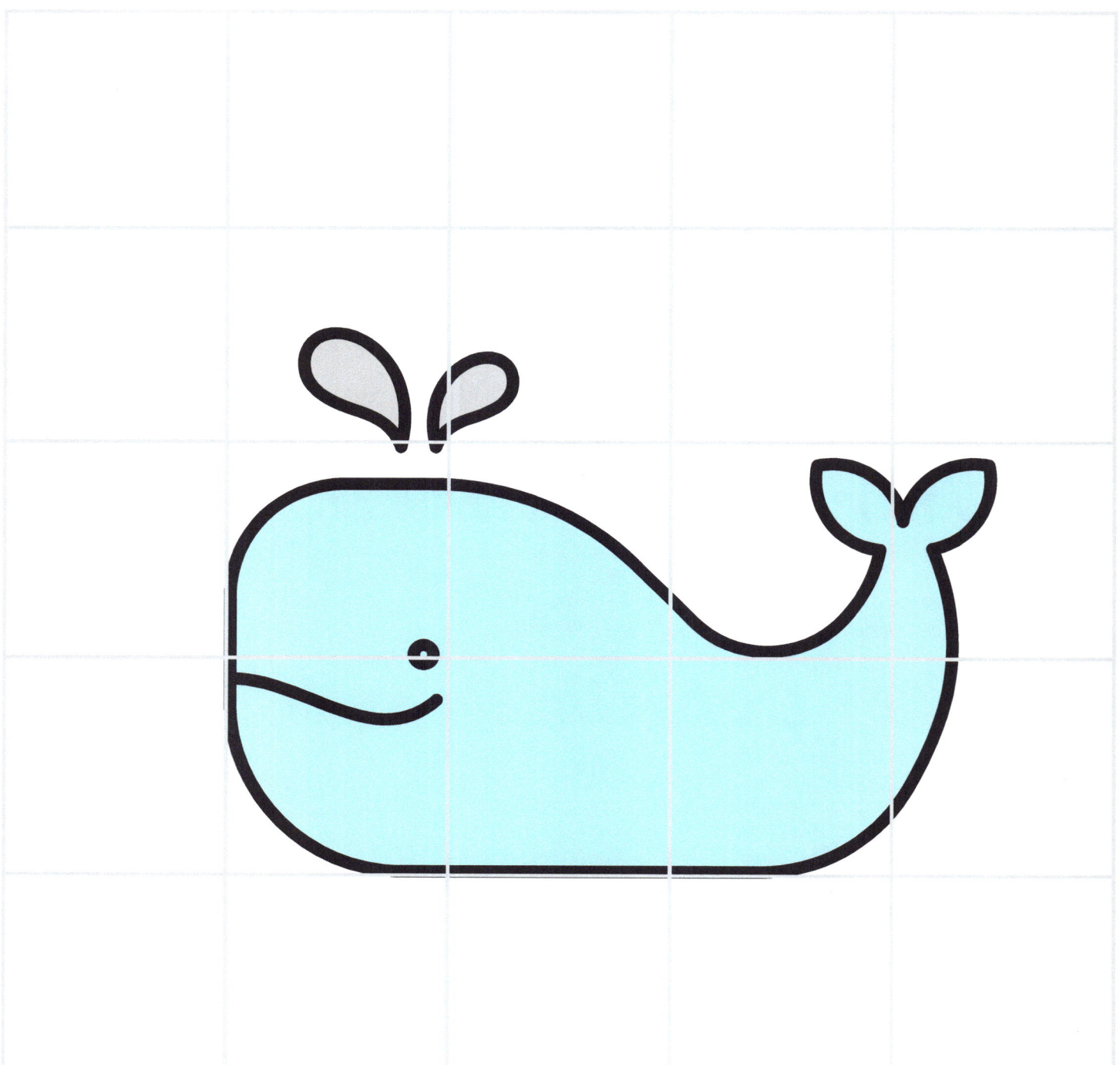

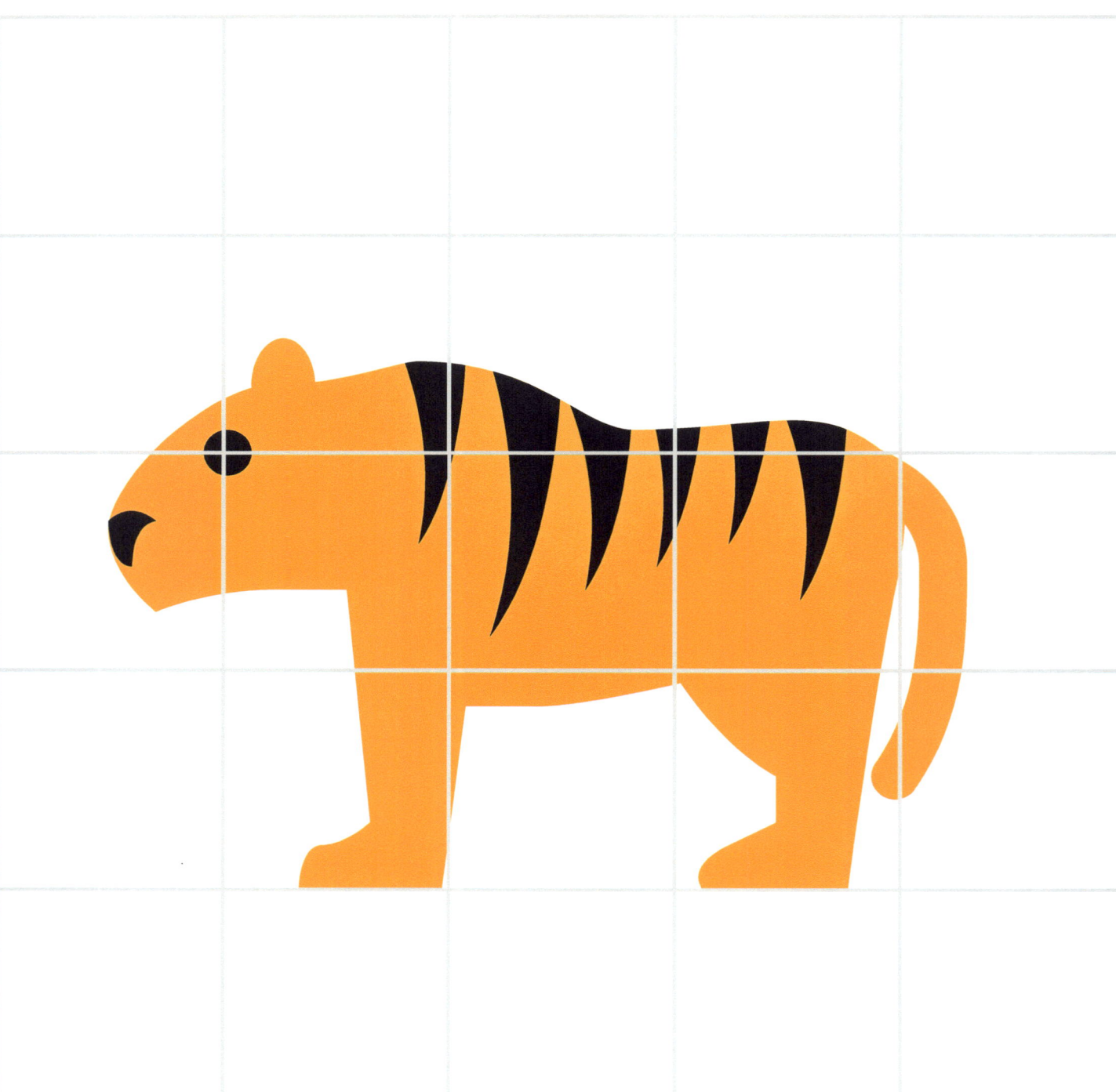

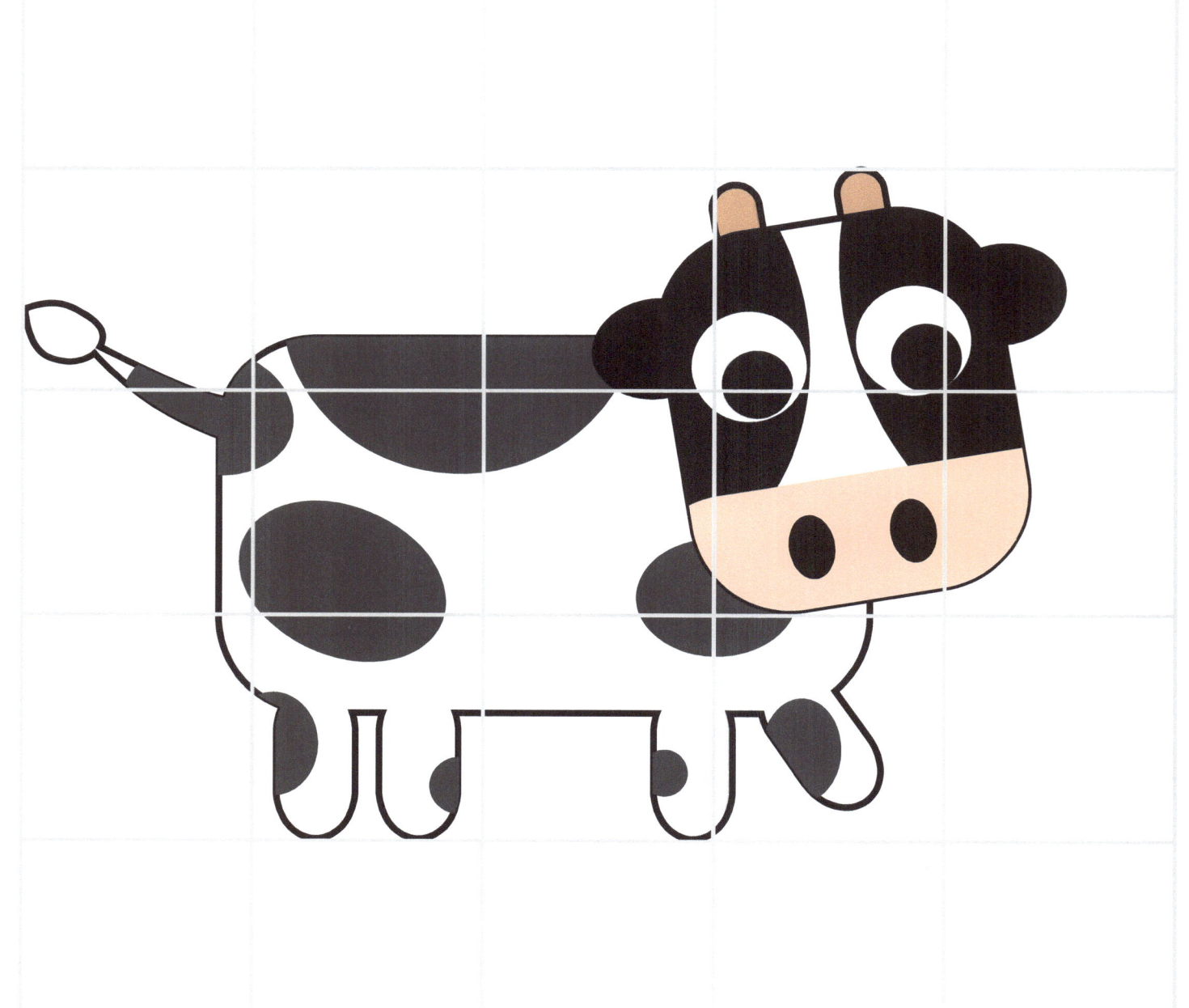

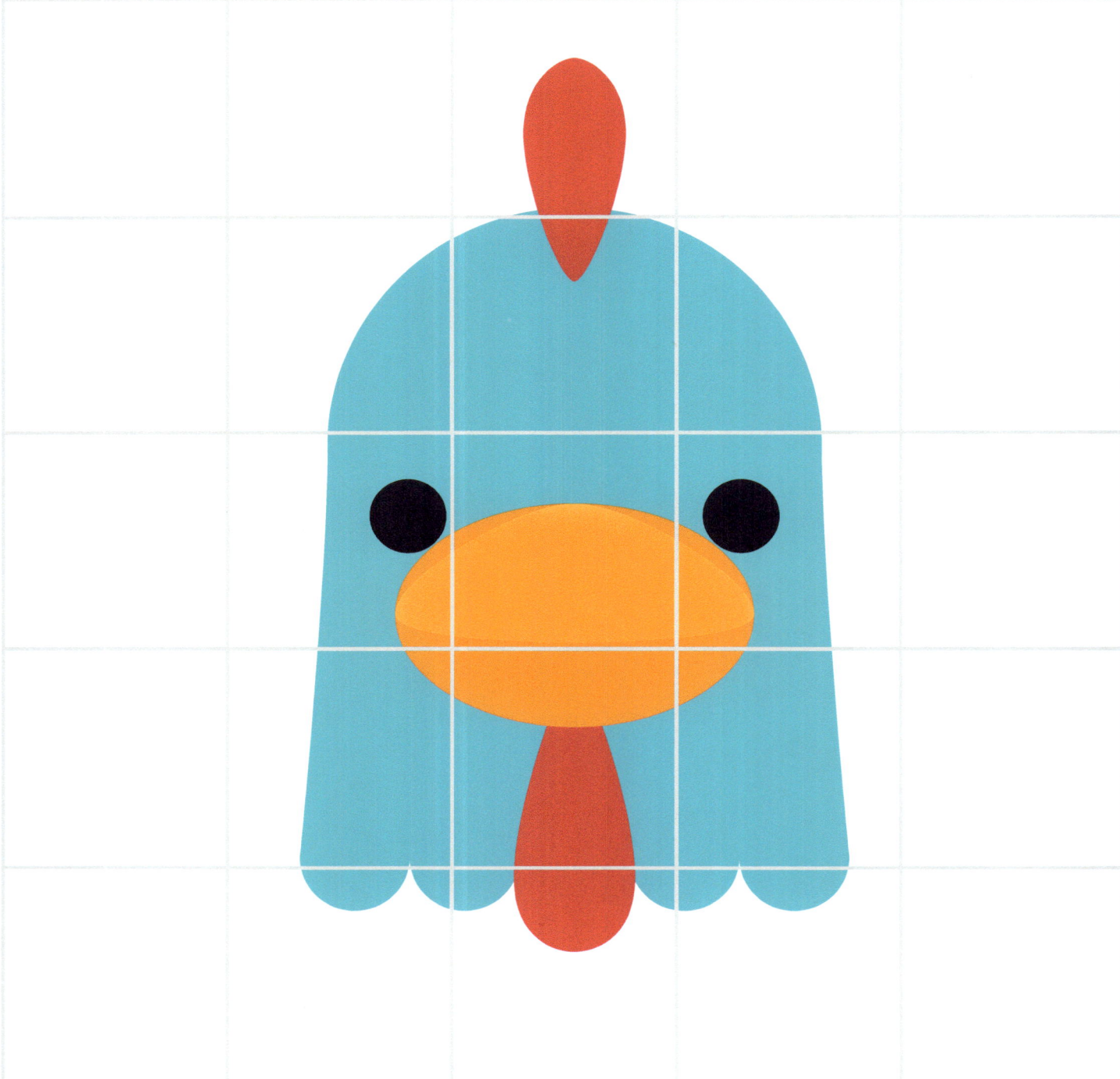

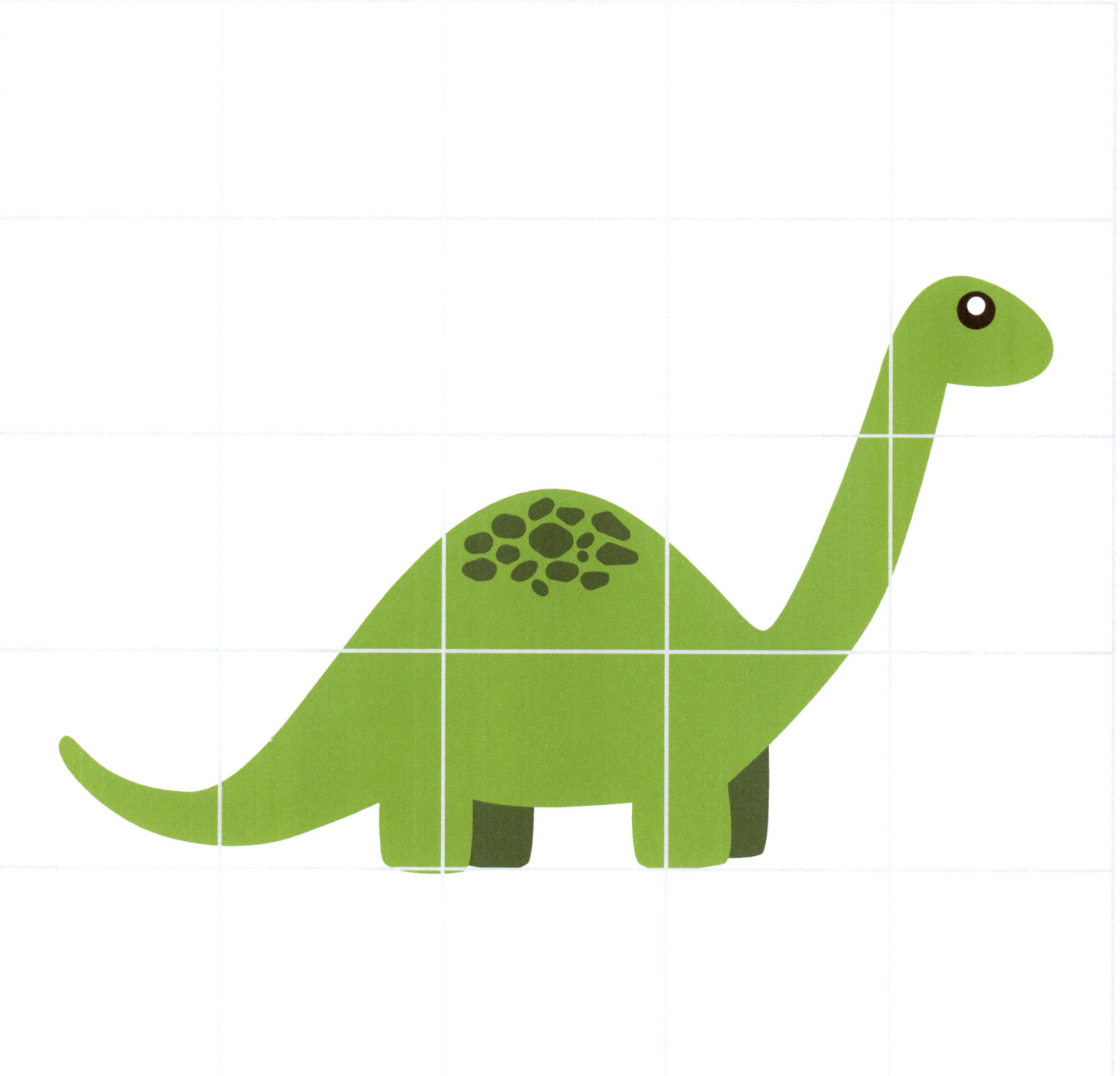

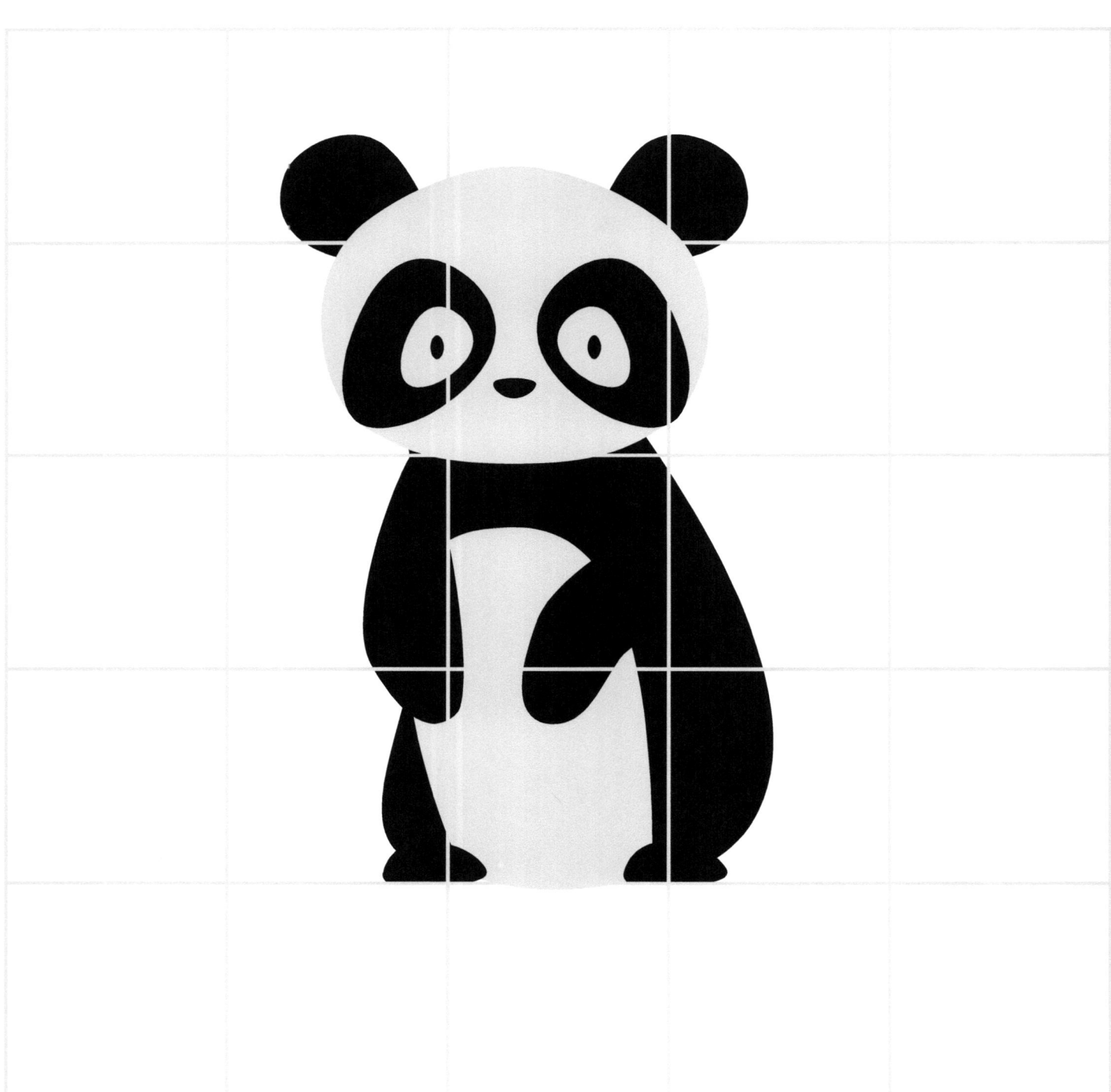

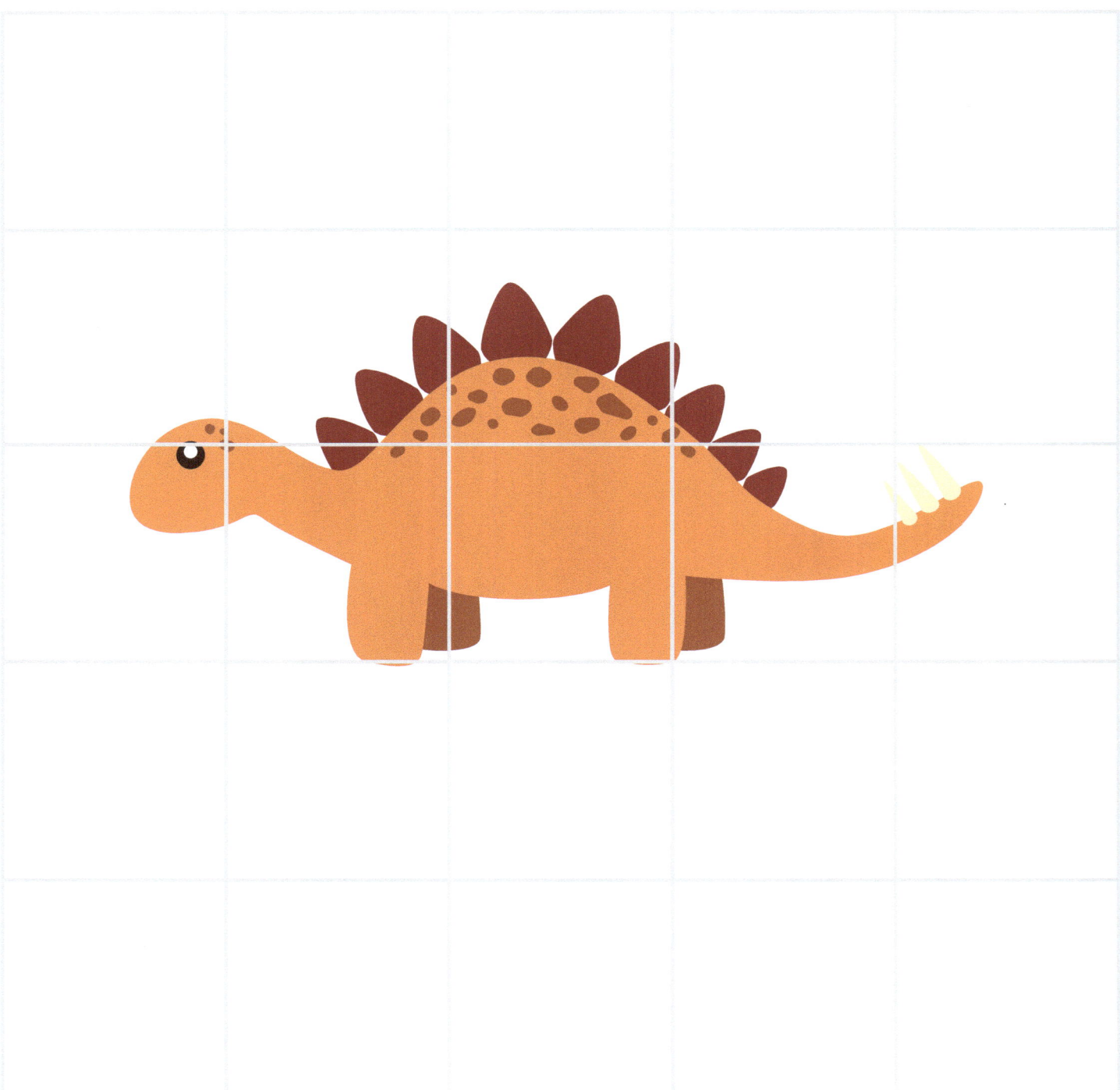

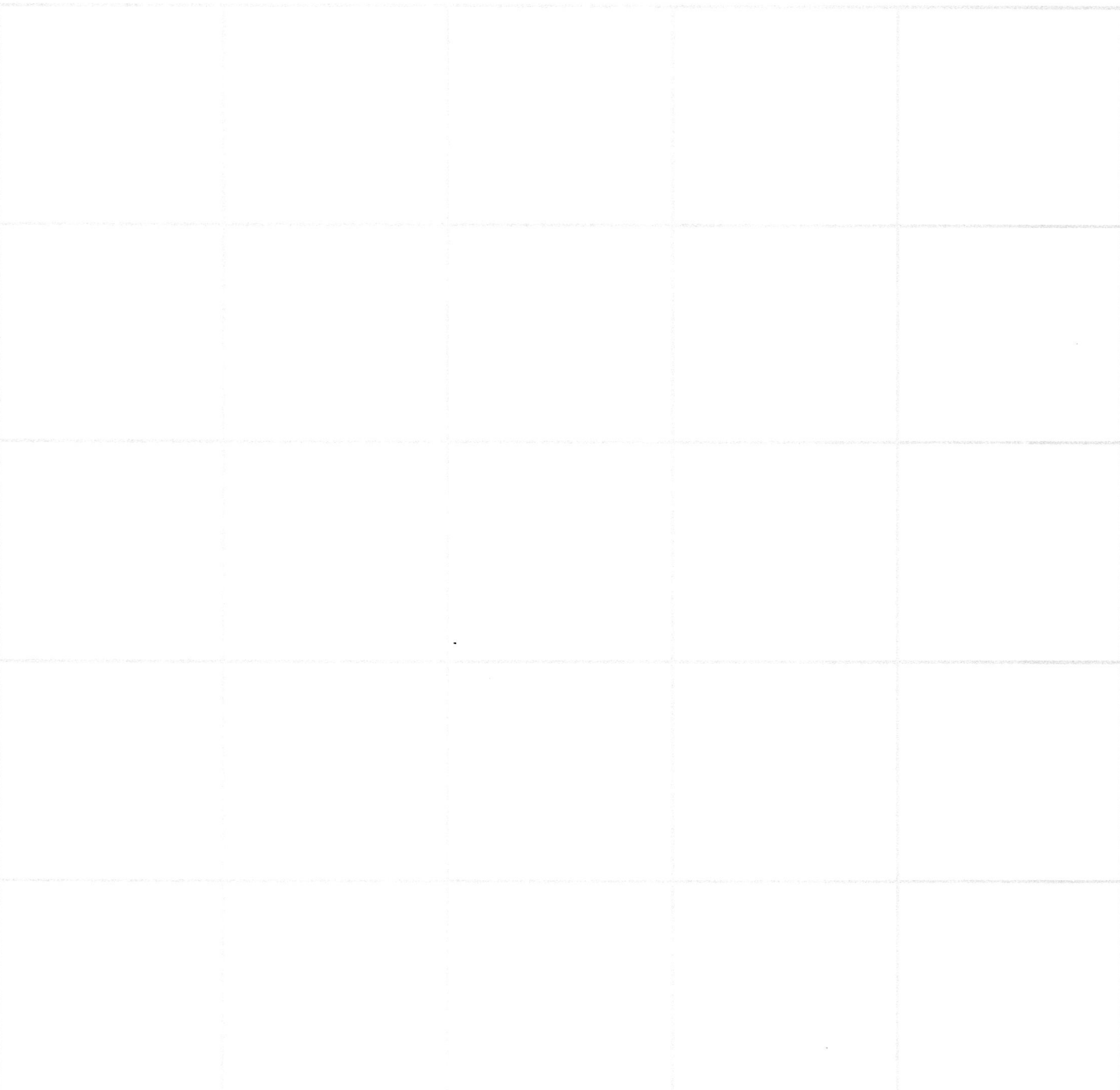

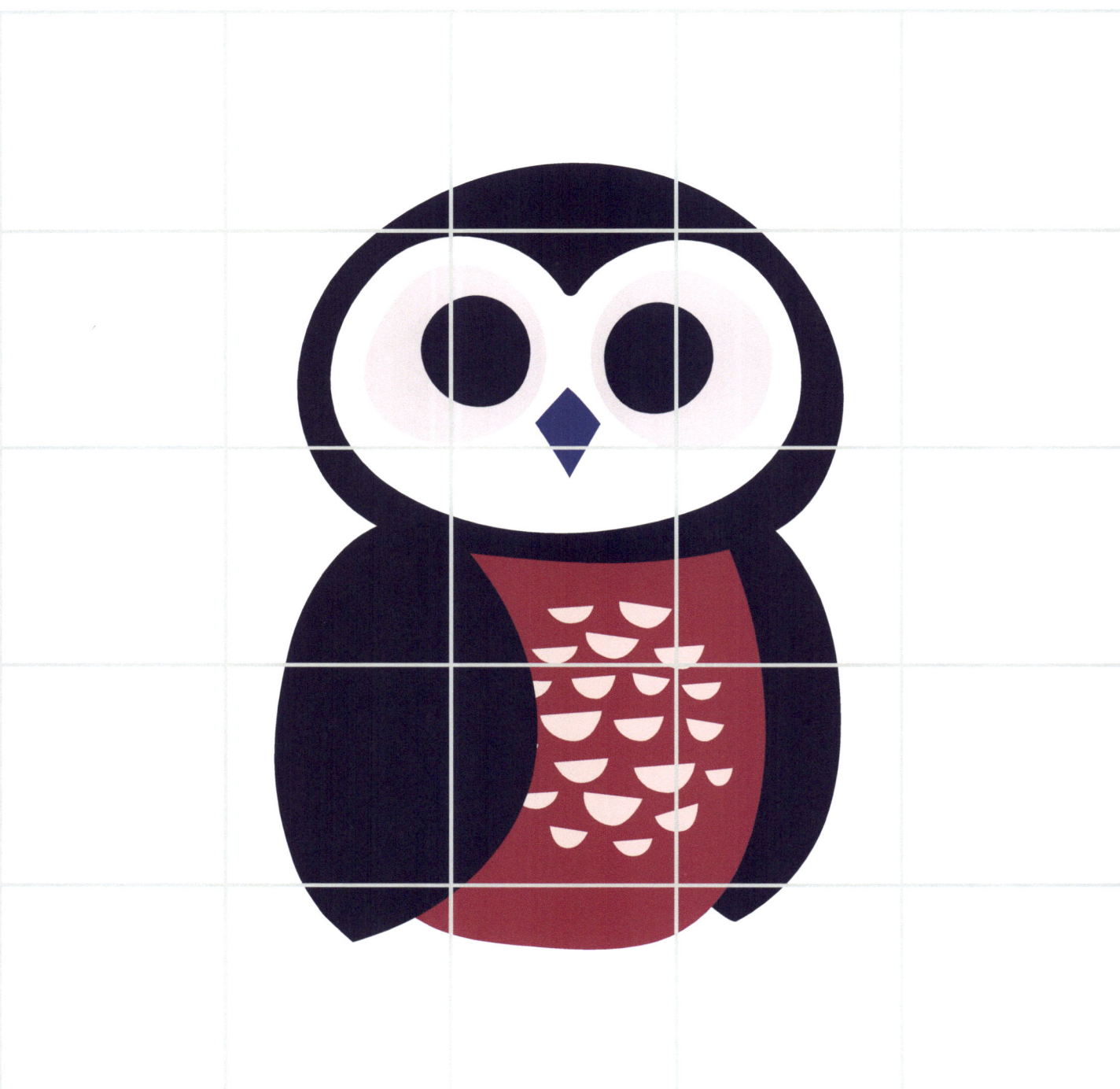

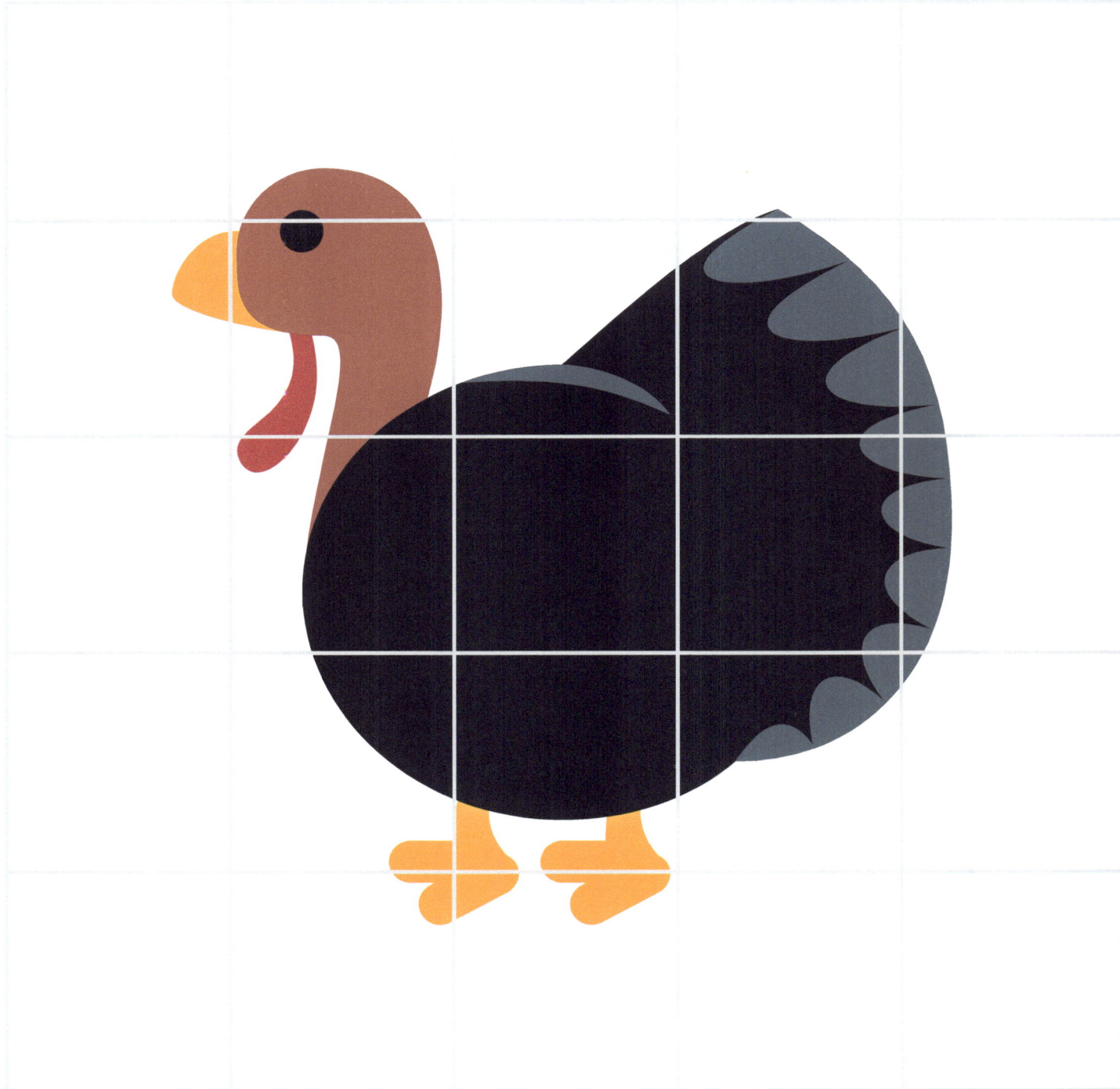

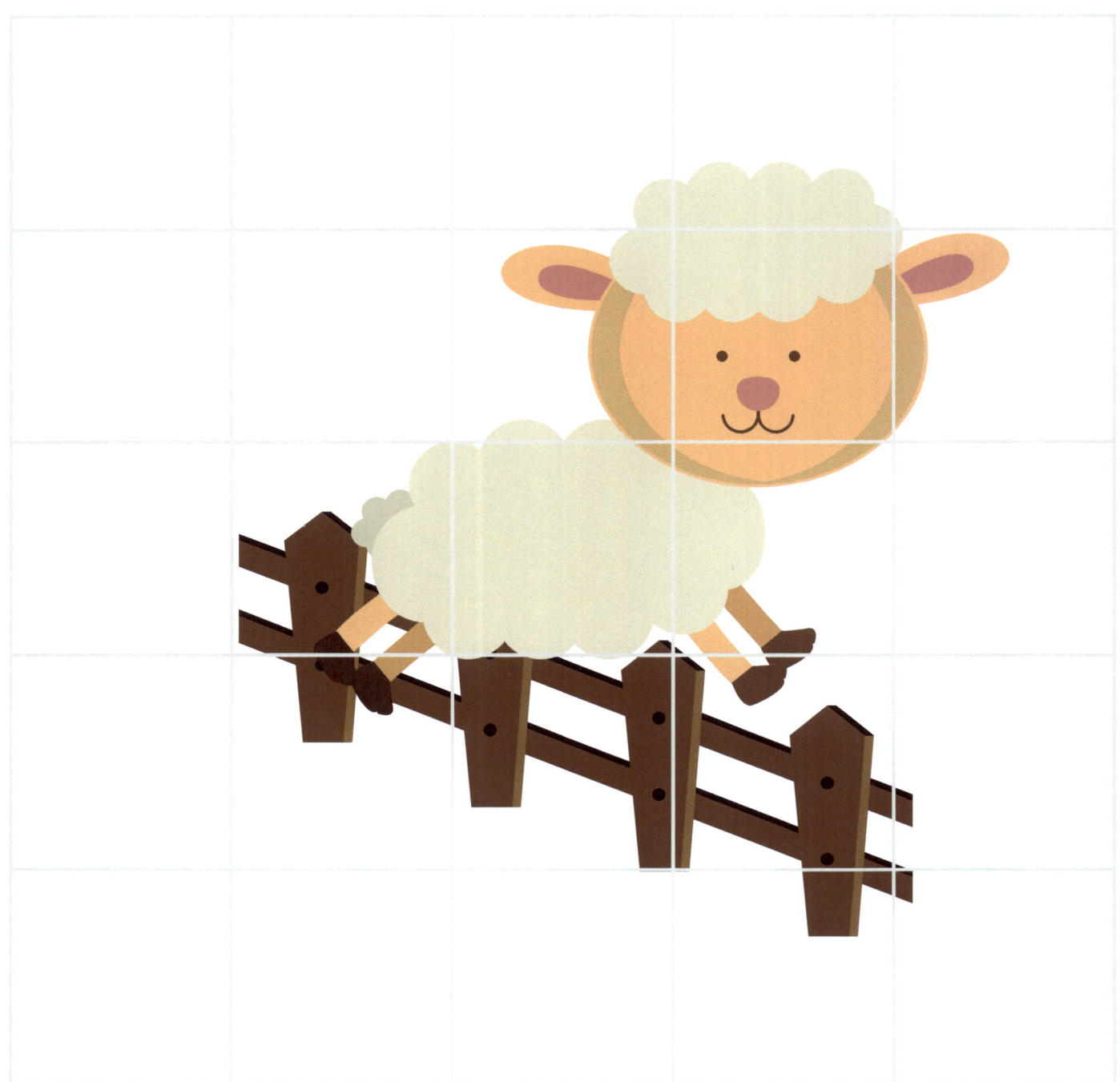

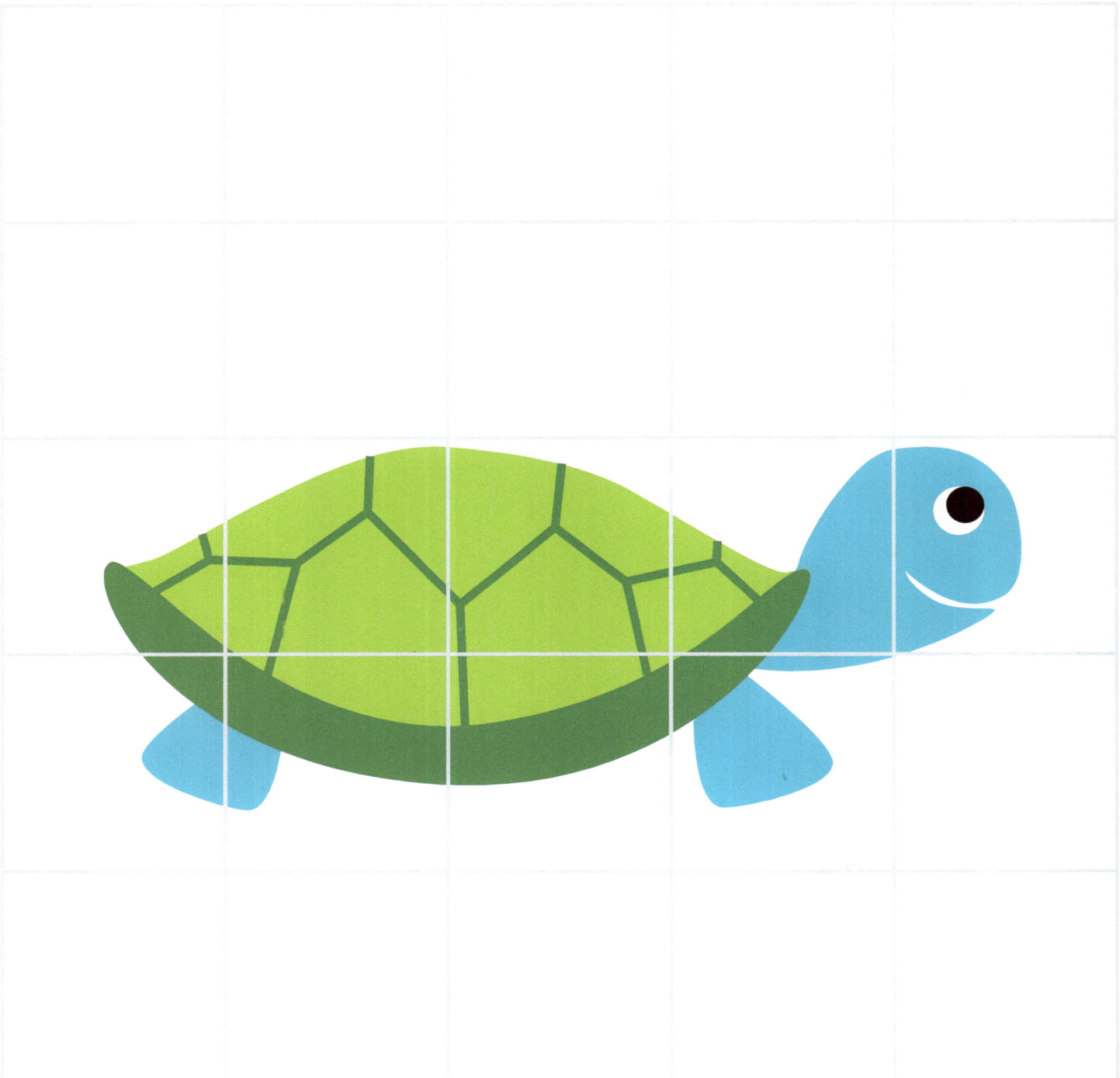

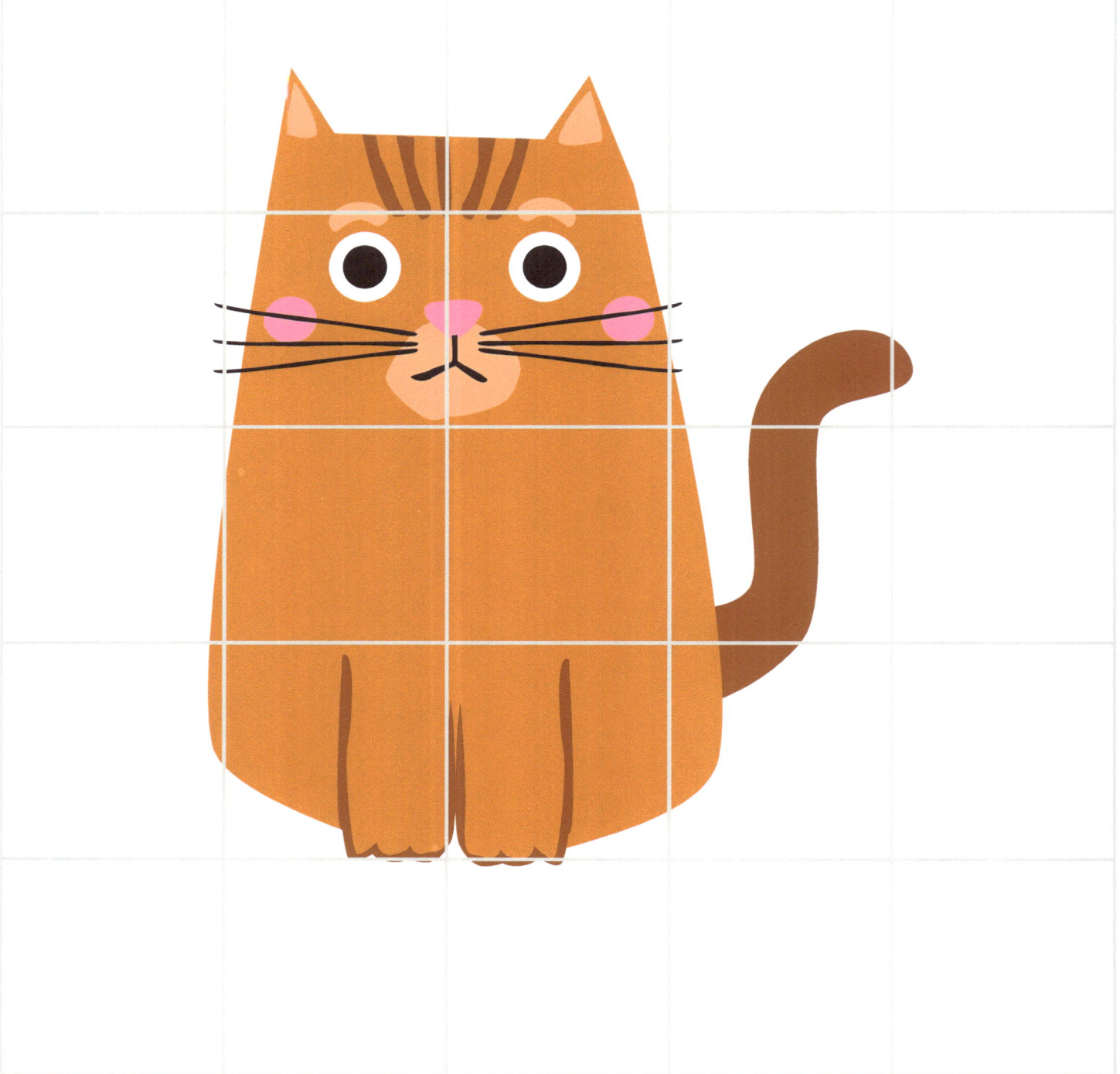

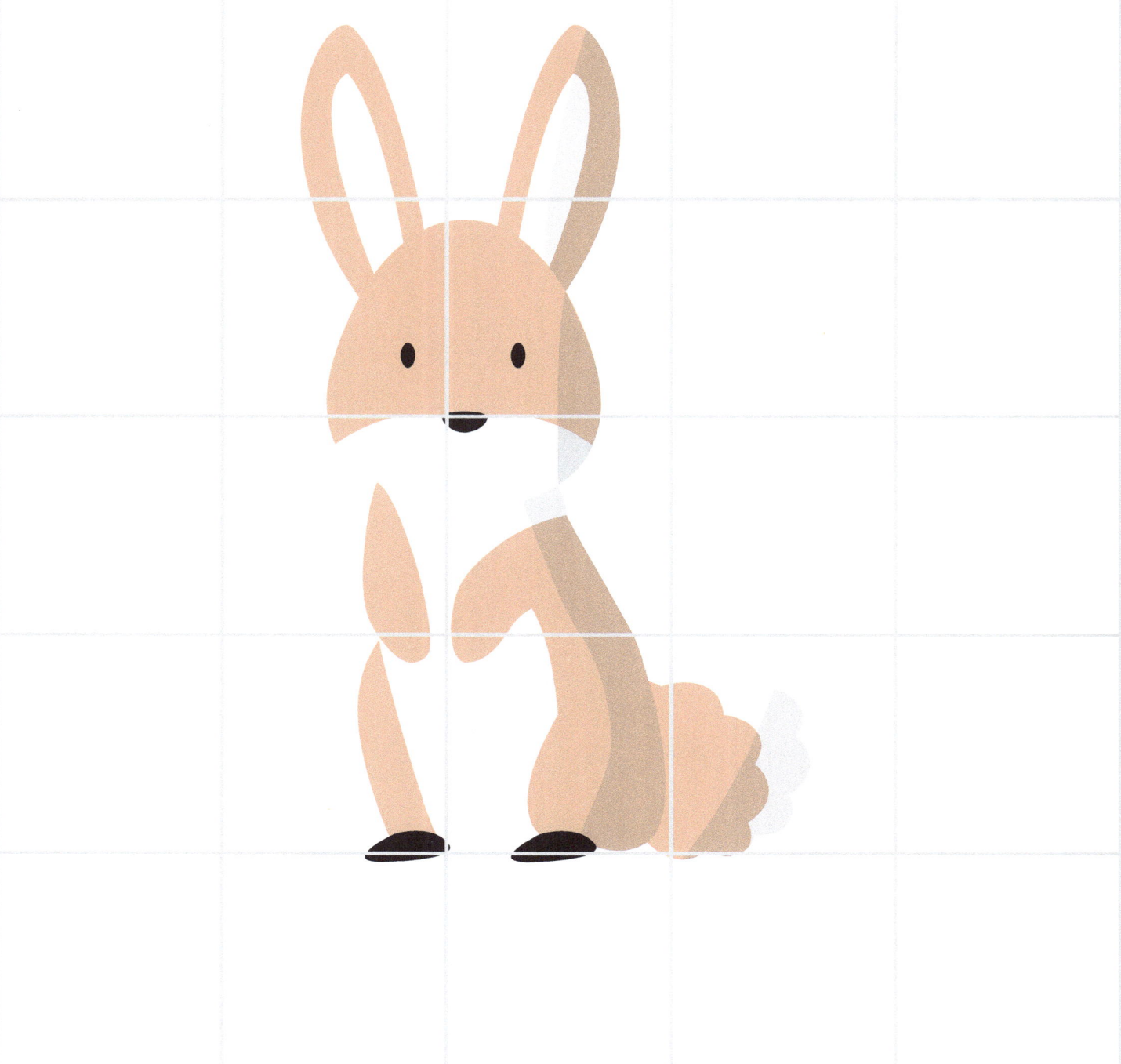

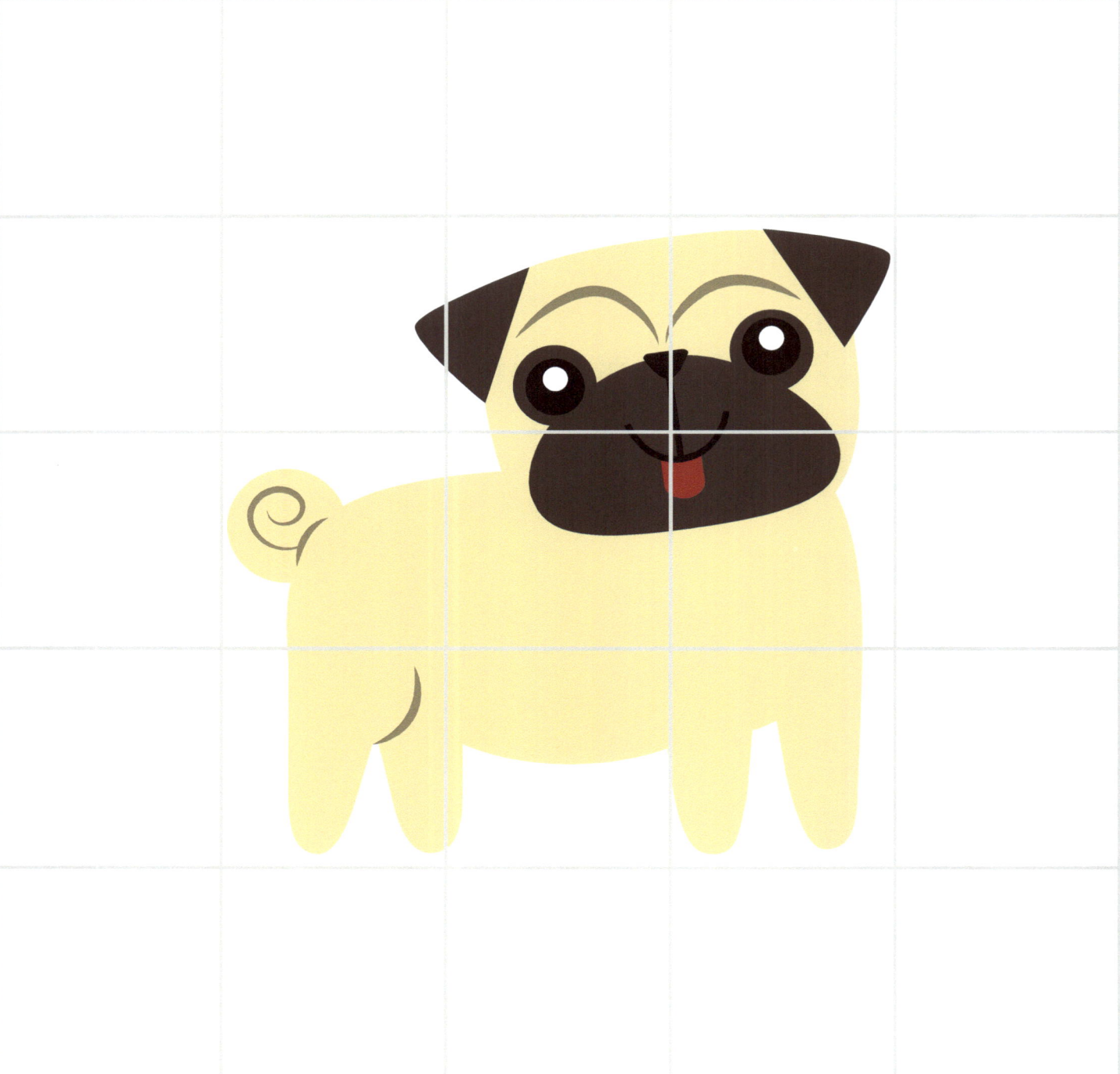

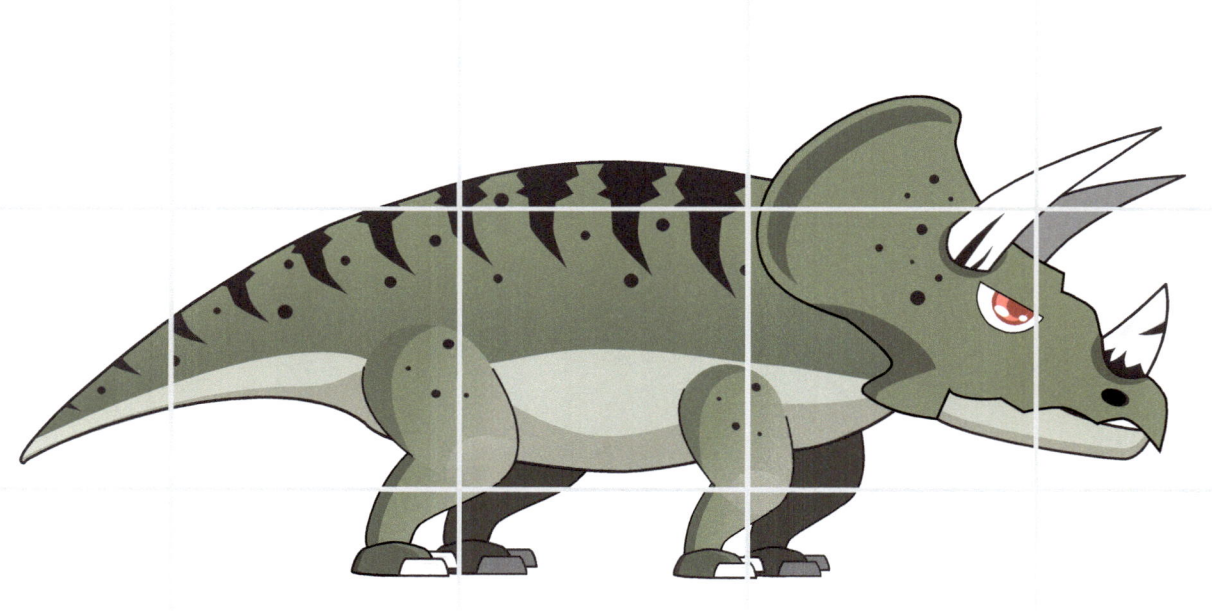

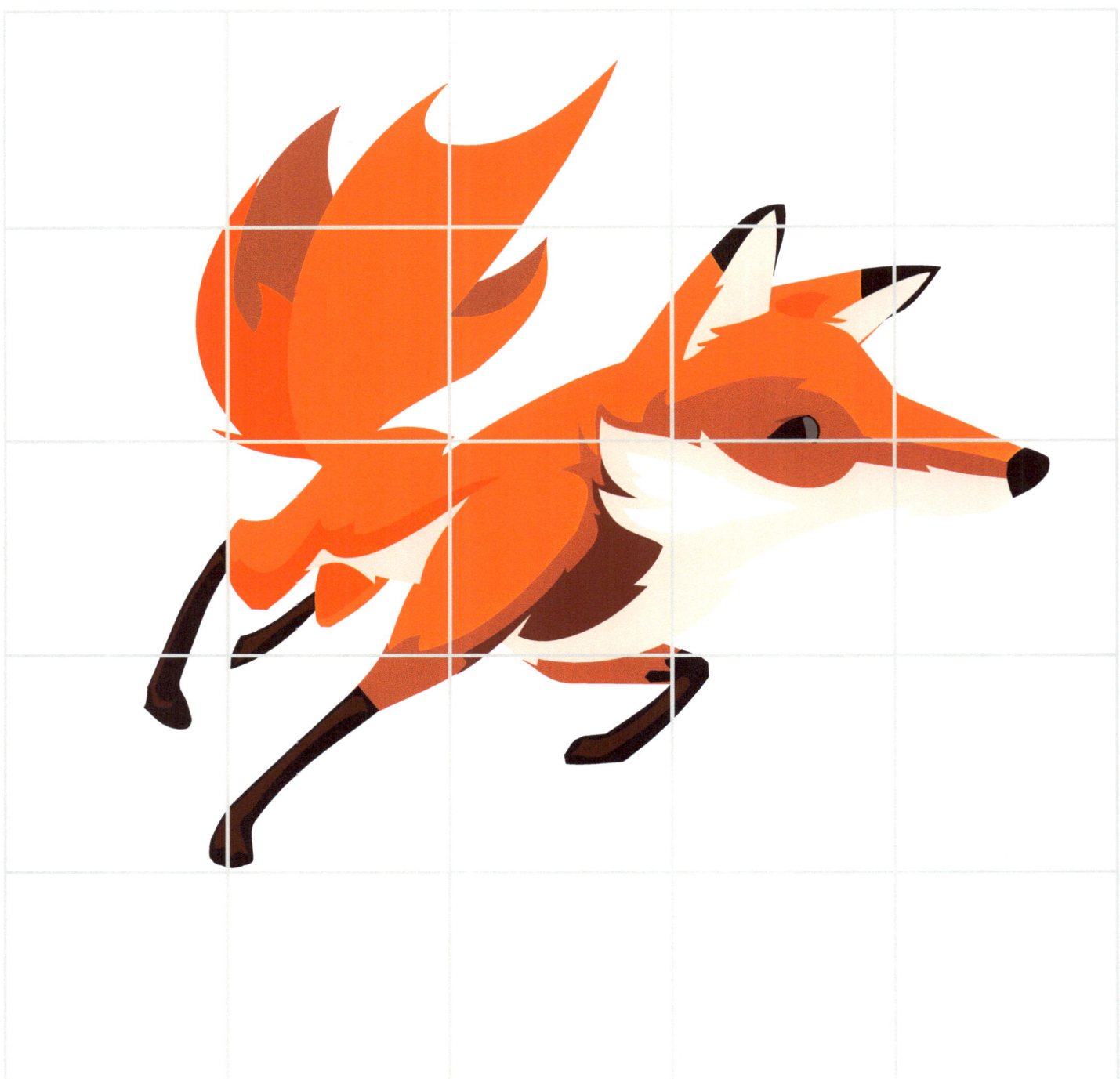

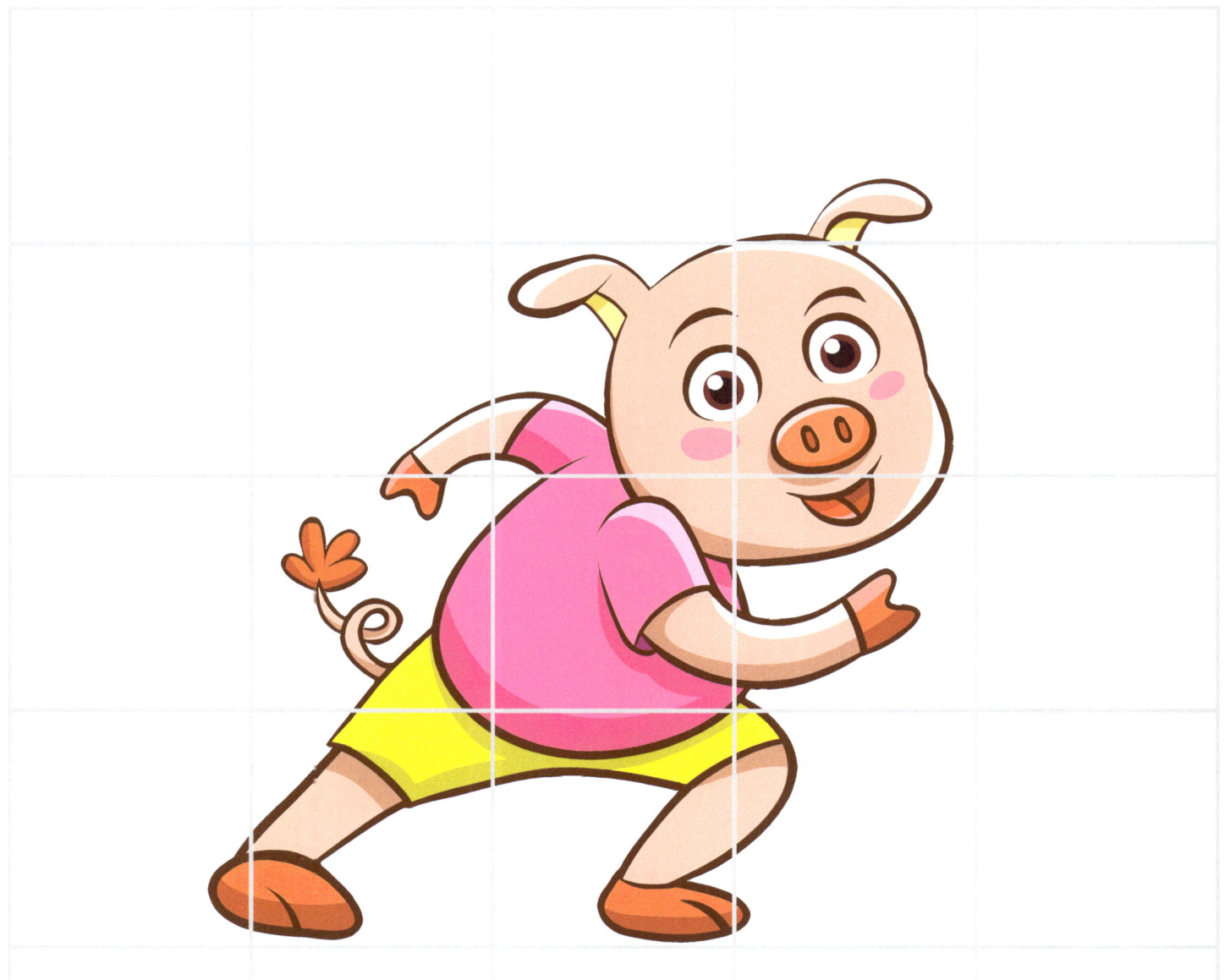

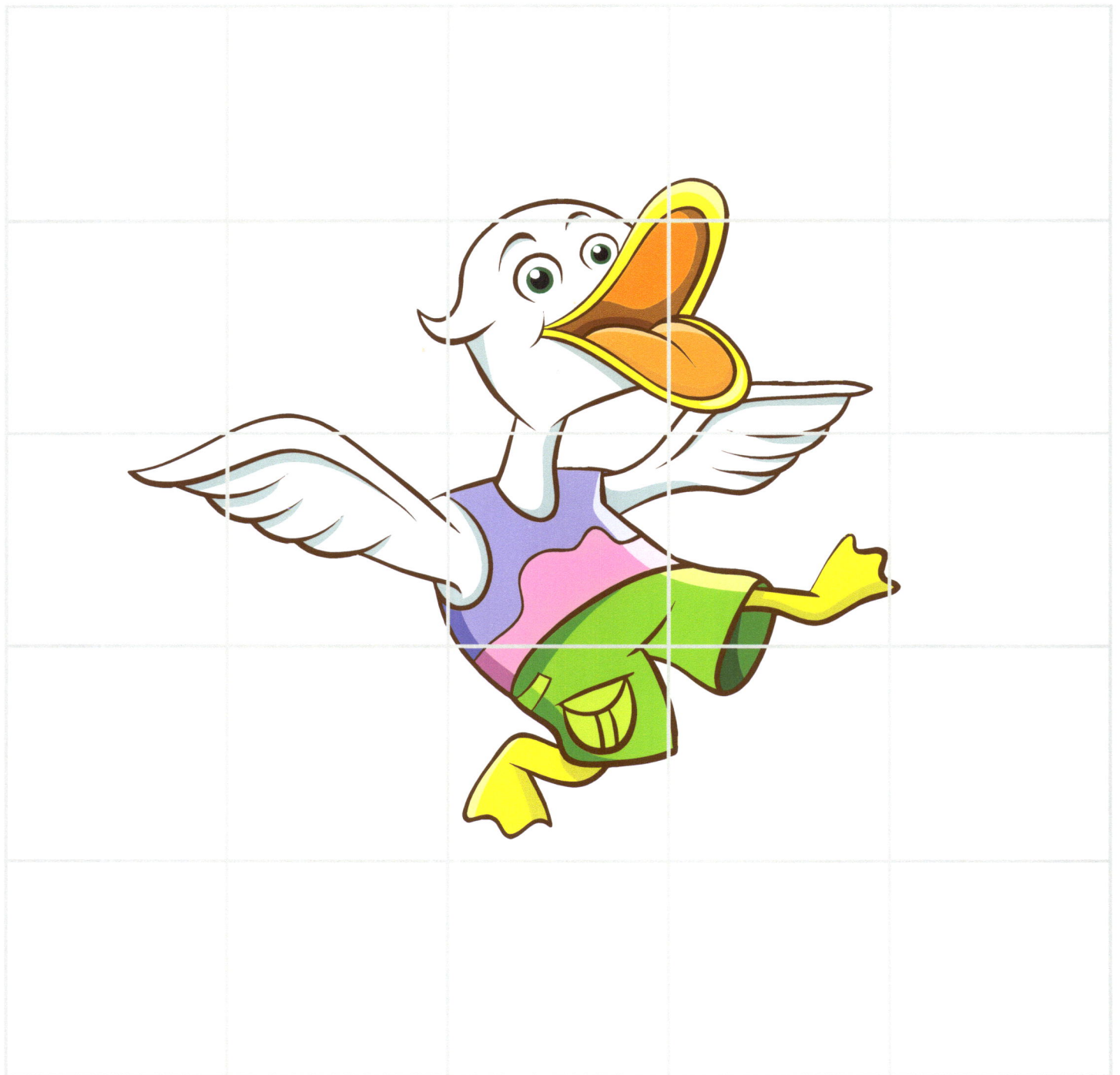

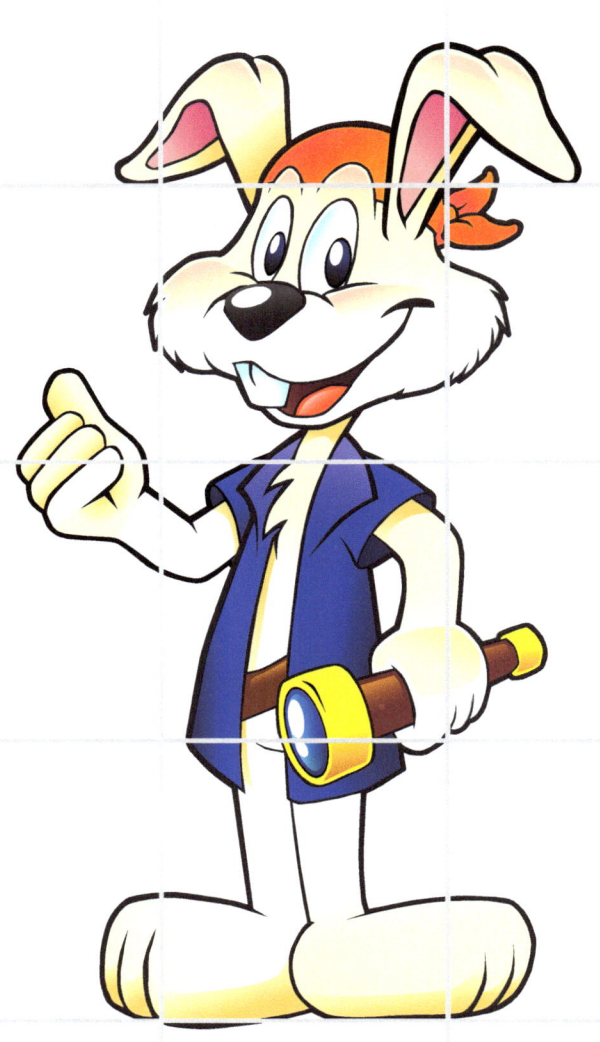

Impressum

Autor: Selina Langenscheid
1. Auflage Februar 2019
© 2019 Stefan Waidelich
Dachenhäuserweg 44 71101 Schönaich
Druckerei: Amazon Media EU S.á r.l.,
5 Rue Plaetis, L-2338, Luxembourg

CoverBilder: © Canva / Pixabay
Covergestaltung: Pixa Heros Stuttgart

Das Werk ist urheberrechtlich geschützt. Jede Verwertung außerhalb der engen Grenzen des Urheberrechtsgesetzes ist ohne Zustimmung des Rechteinhabers und des Autors unzulässig. Dies gilt insbesondere für die elektronische oder sonstige Vervielfältigung, Übersetzung, Verbreitung und öffentliche Zugänglichmachung.

Mit einer positiven Bewertung auf Amazon, helfen sie anderen kleinen Künstlern, dieses Buch zu finden. Vielen Dank !

www.ingramcontent.com/pod-product-compliance
Lightning Source LLC
Chambersburg PA
CBHW040419220526
45473CB00004B/1285